BUILDING THE BARRICADE

BUILDING THE BARRICADE

ANNA ŚWIRSZCZYŃSKA

TRANSLATED FROM THE POLISH
BY PIOTR FLORCZYK

WITH AN INTRODUCTION BY EAVAN BOLAND

WHITE PINE PRESS / BUFFALO, NEW YORK

White Pine Press
P.O. Box 236
Buffalo, NY 14201
www.whitepine.org

Publication of this book was supported by public funds from the
New York State Council on the Arts, with the support of Governor
Kathy Hochul and the New York State Legislature, a State Agency;
and with funds from The Amazon Literary Partnership.

Printed and bound in the United States of America.

Cover photograph: *Barricade from Rubble and Broken Pieces of Furniture,*
Press War Correspondent "Topór I," August, 1944. From the col-
lection of Warsaw Rising Museum.

ISBN 978-1-945680-68-7

Library of Congress Control Number: 2022950769

Spis treści | Contents

Introduction by Eavan Boland 11

Wstęp | Prologue

Ostatnie polskie powstanie | The Last Polish Uprising 26 | 27

Do mojej córki | To My Daughter 28 | 29

Część I | Part I

Mówi żołnierz | A Soldier Says 32 | 33

Nalot | Air Raid 34 | 35

Pali się | It's Burning 36 | 37

Budując barykadę | While Building the Barricade 38 | 39

Umiera piękno | Beauty Dies 40 | 41

Studnia | A Well 42 | 43

Łączniczka | A Messenger 44 | 45

Papierośnica z brylantami |
A Diamond-Studded Cigarette Case 46 | 47

Harcerz | A Boy Scout   48 | 49

Myśleli, że umarłam | They Thought I Died   50 | 51

Dzień jak co dzień | A Day like Any Other   52 | 53

Strzelać w oczy człowieka | To Shoot into the Eyes of a Man   54 | 55

Kradnie futra | He Steals Furs   56 | 57

Dziewczyny z noszami | Girls with a Stretcher   58 | 59

Na połciach mięsa | On Chunks of Meat   60 | 61

Oni mieli dwanaście lat | They Were Twelve   62 | 63

Dwie garbuski | Two Hunchbacks   64 | 65

Sąsiadka powiedziała do sąsiada | A Woman Said to Her Neighbor   66 | 67

Dziecko się boi | A Child Is Scared   68 | 69

Pił dwie noce | He Drank Two Nights   70 | 71

Zapomniał o matce | Forgot about His Mother   72 | 73

Cieszmy się | Let's Celebrate   74 | 75

Szczeniak | A Snot   76 | 77

Po nalocie | After an Air Raid   78 | 79

Pan Bóg ją ocalił | Lord God Saved Her   80 | 81

Dwie twarze koloru żelaza | Two Faces the Color of Iron   82 | 83

Nocą na warcie | Night Watch   84 | 85

Żołnierz niemiecki | A German Soldier   86 | 87

Po pijanemu | While Drunk   88 | 89

Żyje godzinę dłużej | Lives One More Hour 90 | 91

Rozwala barykady | It Smashes the Barricades 92 | 93

Konali obok siebie | Dying Next to Each Other 94 | 95

Zwycięstwo | A Victory 96 | 97

Żołnierz mówi do generała | A Soldier Says to a General 98 | 99

Część II | Part II

Moja pokora | My Humility 102 | 103

Szpital | A Hospital 104 | 105

Rozmawiam z trupami | Talking with Corpses 106 | 107

Nosiłam baseny | I Carried Bedpans 108 | 109

Dwudziestu moich synów | My Twenty Sons 110 | 111

Harcerka | A Girl Scout 112 | 113

Włosy jak wodospad | Hair like a Waterfall 114 | 115

Czekam trzydzieści lat | Waiting Thirty Years 116 | 117

Gniła za życia | She Rotted Alive 118 | 119

Nocny dyżur | Night Shift 120 | 121

Gdy żołnierz kona | When a Soldier Is Dying 122 | 123

Rozmowa przez drzwi | Conversation through the Door 124 | 125

Boję się ognia | I'm Afraid of Fire 128 | 129

Major powiedział | Said the Major 130 | 131

Krzyk spod ziemi | A Scream from Underground 132 | 133

Pani mecenasowa | A Lawyer's Wife 134 | 135

Koszula powstańca | An Insurgent's Shirt 136 | 137

Ostatnia kropla powietrza | The Last Drop of Air 138 | 139

Mój mężczyzna | My Man 140 | 141

Patrzył na ścianę | He Stared at the Wall 142 | 143

Chciał ocalić syna | He Wanted to Save His Son 144 | 145

Czternastoletnia sanitariuszka myśli zasypiając |
Thoughts of a Fourteen-Year-Old Nurse before Sleep 146 | 147

Wspaniały obraz | A Great Painting 148 | 149

Zakopuję ciało wroga | I Bury My Enemy's Body 150 | 151

Z granatem na gniazdo cekaemów |
With a Grenade against the Nest of Machine Guns 152 | 153

Żona mówi do męża | A Wife Says to Her Husband 154 | 155

Dwa ziemniaki | Two Potatoes 156 | 157

Samoloty | Airplanes 158 | 159

Tylko piasek przetrwał | Only Sand Survived 160 | 161

Kule trzeba oszczędzać | Bullets Need to Be Conserved 162 | 163

Rozpacz | Despair 164 | 165

Część III | Part III

Piekło | Hell   168 | 169

Czekam na rozstrzelanie | Waiting before the Firing Squad   170 | 171

W schronie czekając na bombę |
Waiting for the Bomb in the Air Shelter   172 | 173

Człowiek i stonoga | Man and Centipede   174 | 175

Śmiertelne oczy | Mortal Eyes   176 | 177

Gdy strzelasz we mnie | When You Shoot at Me   178 | 179

Żuje surowe żyto | He Chews Raw Rye   180 | 181

Szli kanałami | They Walked through the Sewers   182 | 183

Dziewczyna mówi do chłopca | A Girl Says to a Boy   184 | 185

Szlochające ramiona | Weeping Arms   186 | 187

Jej śmierć ma szesnaście lat | Her Death Is Sixteen   188 | 189

Panika | Panic   190 | 191

Spowiedź na bruku | Confession in the Street   192 | 193

Marzenie harcerki | A Girl Scout's Dream   194 | 195

W redakcji gazety | In the Paper's Editorial Office   196 | 197

To już koniec | It's Over   198 | 199

Pod beczką kapusty | Under a Barrel of Sauerkraut   200 | 201

Godzina hańby | The Hour of Disgrace   202 | 203

Nie miał palta | Hc Had No Overcoat 204 | 205

Rozmowa z matkami | Conversation with Mothers 206 | 207

Powiedział: nie płacz | He Said: Don't Cry 208 | 209

Rzuciła klucz w ruiny | She Threw the Key in the Ruins 210 | 211

Moje wszy | My Lice 212 | 213

Szukali brylantów | They Were Looking for Diamonds 214 | 215

Sam idę | I Walk Alone 216 | 217

Udało mu się | He Got Lucky 218 | 219

Jak krew z tętnic | Like Blood from Arteries 220 | 221

Patrzą umarłymi oczami | They Look with Dead Eyes 222 | 223

Martwa natura | Still Life 224 | 225

Zostały szczury | The Rats Remain 226 | 227

Niemiecki oficer gra Szopena | A German Officer Plays Chopin 228 | 229

Niech liczą trupy | Let Them Count Corpses 230 | 231

Szumi ogień | The Fire Roars 232 | 233

Ziemia i niebo | Earth and Sky 234 | 235

From the Author 236

Acknowledgments 238

Introduction

For some readers, Anna Świrszczyńska will be a new poet. For others her work will be familiar from previous volumes. For either or both, her voice will rise from these pages anguished by history, tersely descriptive of pain, challenging our received notions and turning our definitions of the war poem upside down.

This sequence, *Building the Barricade*—written in the early 1970s—revisits a single span of time: the sixty-three days of the Warsaw Uprising, which took place in August and September of 1944. Świrszczyńska, a member of the Polish Resistance, worked as a volunteer nurse in a makeshift hospital. She ministered to the wounded and dying and helped to build the barricade, which the title points toward. It would take her thirty years for her experience to migrate into language: into what Czesław Miłosz calls "the poem-pictures" of this sequence.

Building the Barricade is central to Świrszczyńska's work but not entirely characteristic of it. In other poems she is a sensualist, an erotic lyricist, a chronicler of desire. "The central theme of her mature poetry is flesh," writes Miłosz. "Flesh in love and ecstasy, in pain, in terror, flesh afraid of loneliness, giving birth, resting, feeling the flow of time or reducing time to one instant." The poems in *Building the Barricade* are also poems of the flesh, but in its fall and degradation. In this way Świrszczyńska radicalizes our notion of the war poet. In the best war poems, other poets have enacted war. Świrszczyńska is different. She embodies it.

Anna Świrszczyńska—often referred to as Anna Swir—was born in 1909 in Warsaw. Her father was a painter, but his large narrative paintings didn't sell and the family was poor. Her work suggests a rich, lonely childhood, often present in her father's studio, surrounded by images. In one poem she writes, "I love Father's paintings. / They are my brothers and sisters, my only / comrades." Elsewhere, she outlines an inherited Polish pride, a fever of identity reached again through him. "Father would sing till his death / Songs of Nineteen Five / Now / I sing them."

Because of her family circumstances, Anna Świrszczyńska had to go to work at a young age. "I was then terribly shy, ugly and crushed by a mountain of complexes," she writes. She studied medieval Polish literature, worked for a teachers' association, and made a start as a poet. In her mid-twenties she published a volume of "sophisticated miniatures"—again Miłosz's phrase—short prose-poems registering her fascination with Poland's medieval past.

But images and songs could do little to stave off reality. Poland was beginning its long march toward the abyss. Restored to independence after 1918, it suffered military coups and failed alliances. As early as 1933, when Świrszczyńska was just twenty-four, Hitler was hinting at his ambitions to annex Polish territories. To his inner circle he spoke of making Austria, Bohemia, Moravia, and western Poland into a Bund: auxiliary nations subordinate to German rule. In 1939 he realized part of his plan. On September 1st in the pre-dawn hours, 1.5 million German troops crossed the Polish border.

There is little information about how Świrszczyńska encountered this moment. But clearly—and this is a shadow across *Building the Barricade*—she had a passionate awareness of her national inheritance. It comes through in her lament, made as an annotation to the poem, for all that the Nazis destroyed. In the mirror of her elegy can be seen the reverse writing of her pride in an ancient civilization, and in her reference to the "young intelligentsia" with its "romantic love of freedom" there is a small, heartbreaking flicker of autobiography. Her litany of loss, for all its darkness, allows us to imagine a young woman, even in a troubled time, who may have come to adulthood with a sense of splendor and possibility:

> The priceless cultural heritage, accumulated in the capital over the centuries by countless generations of Poles, was completely destroyed. The splendid palaces, the Royal Castle, the historic churches, the rich art collections, the museums and libraries were all turned into ashes and rubble. The flower of the young intelligentsia, who had been raised on the romantic love of freedom, perished.

At some point, Świrszczyńska joined the Polish Resistance, known as

Armia Krajowa, the Home Army. By 1944 it was a cohesive force. When exactly she joined is not clear. Miłosz comments in his introduction to his translations of her work, *Talking to My Body,* published in 1996, "I used to see her in underground Warsaw where writers would attend clandestine meetings."

Building the Barricade has its source in the Home Army's plan, formed in late July 1944, for armed resistance against the Nazis. Their action would be known as the Warsaw Uprising. In that plan, 5pm on August 1 was designated as "W-Hour"—the *W* being for *wybuch* or outbreak. At that time, soldiers of the Polish Resistance attacked key positions and German installations. The strategy was clear but the statistics were skewed. More than 30,000 insurgents—4,000 of them women—were active and committed, but poorly armed. They had weapons enough for only 2,500. The German garrison had both artillery and airpower.

The Warsaw Uprising was a modern conflict. Its day-to-day progress and failure is shown in many photographs. Sylwester Braun's are just one example. He was a member of the resistance, based during the Uprising in Śródmieście near the town center. His images are of sandbags, broken streets, raised guns resting on stone fragments. In one photograph, summer trees bend over smashed curbstones. In another, a small cart unloads a dead body into a makeshift grave. In more graphic images, from other photographers, charred bodies lie in hospital beds, starved skeletons are half-buried under rubble. What was predicted to be a week's fighting became a two-month period of carnage and defeat.

Building the Barricade is a major 20th-century poem. In Piotr Florczyk's deft, compelling translations, poem after poem moves forward with what Jericho Brown aptly calls "chilling precision." The short, rapid-fire pieces are fused by their refusals: to find meaning, to offer consolation. In one, there are dirty bandages and "not a spoonful of cooked barley." In another, a woman carries a man through a sewer. A girl dies on the pavement. A woman hides two potatoes from another woman. Soldiers with torn bellies fight for their lives.

Building the Barricade is at once a masterpiece of concision and a breviary of comfortless images. Piotr Florczyk, himself born in Krakow, defined the strength of this brevity in an interview: "In Świrszczyńska," he remarks, "we really see how just a few lines can have a lasting effect. Świrszczyńska teaches us how to trust an image." Certainly it is images, often set up with a combative irony, that give the sequence its intensity. The challenges to the translator lie in how to convey these qualities in an English language that more usually romanticizes the poetry of witness. Again, Piotr Florczyk: "The musical, visual, and verbal effects of Świrszczyńska's verse are supposed to be razor-sharp, even underdeveloped, if you will, and so time and again I had to stop myself from wanting to make things clearer or more profound or pleasing to the ear."

How are we to read *Building the Barricade*? A great value of this edition is that the bilingual format allows us to observe the poem's wildfire accumulation in two languages. More than a hundred short poems rush at their subject, one after another. They describe blood, terror, and savagery. Most are not longer than twelve lines. Some are just four. They are not chronological but as they move through the psychic space of observed violence they occasionally allow history to mark time:

> We lament the hour
> when it all began,
> when the first shot was fired.
>
> We lament the sixty-three days
> and sixty-three nights
> of battle. And the hour
> when everything ended.
>
> When the place where a million people had lived
> became the emptiness of a million people.

Many of the poems are suppressed narratives, gesturing hopelessly at an action whose beginning and end we can't see. Occasionally the story widens out, as in the title poem, and we are suddenly included in a city of broken streets and broken lives:

> We were afraid, building the barricade
> under fire.
>
> Barman, jeweler's mistress, barber,

all of us cowards.

The housemaid hit the ground
hauling a cobblestone, and we were very afraid,
all of us cowards—

In one of the most wrenching of these small narratives a father opens
the door at dawn to be told his son is dying. In the brief lines and cryptic
statements, shadows begin to move. We can almost make out a face, a
profile. Could that be Anna Świrszczyńska herself, come from the
hospital, knocking on that door in the half-light, telling this man his
dying son needs wine? Is she the speaker who hears the wailing mother
and receives the wine through the half-open door? It makes a fierce and
mysterious pageant of despair:

At five in the morning
I knock on his door.
I say through the door:
in the hospital on Śliska Street,
your son, a soldier, is dying.

He opens the door,
doesn't unhook the chain.
Behind him his wife
trembles.

I say: your son asks for his mother
to come.
He says: his mother won't come.
Behind him his wife
trembles.

I say: the doctor let him
have wine.
He says: please wait.

He hands me a bottle through the door,
locks the door,
locks with the second key.

Behind the door
the wife begins to scream
as if she were in labor.

To return to the question of how we read this poem, it can seem there
are two possibilities. In one, *Building the Barricade* might be seen as a
trauma narrative, a managed chronicle of what happened. In another, it
could be an exemplary poetry of witness, winding itself tightly around
that ethic. And yet there seems something slightly wrong with both
approaches. A trauma narrative can be a step toward recovery. And
these poems, we feel, will never recover. Their wounds can only become
stigmata. In the other possible reading, witness seems too distant a

perspective for these poems. Every stanza, every narrative, every image is a participant.

Perhaps the best way to read this poem is one of the oldest and simplest. To see it as a masterpiece of lyric time, in which the present of the poem can never be allowed to become a past. In which the broken streets, the half-open door in the dawn, the soldier dying in the hospital in Śliska Street must continue in their moment, unredeemed but not unrecorded. In which the Angel of History can only return to the shadows, because there is no permission here to turn suffering into memory. In which the unswerving speaker-poet refuses to save but insists on breaking the silence.

"War made me another person," said Anna Świrszczyńska. *Building the Barricade* is the outcome of that change in that it took thirty years for these experiences to find their way into language. But the poem is also, undoubtedly, an agent of change, for us as well as her. Stanza by stanza we see the speaker transformed, stripped of anything but the terrible truths she is recording. And we are transformed as well. All of which makes *Building the Barricade* not only a memorable text of the 20th century, but also an essential one.

—Eavan Boland

Mojej córce
i wszystkim synom i córkom

For my daughter
and all sons and daughters

BUDDWAŁAM BARYKADĘ

BUILDING THE BARRICADE

WSTĘP

PROLOGUE

Ostatnie polskie powstanie

Opłakujemy godzinę
kiedy się wszystko zaczęło,
kiedy padł pierwszy strzał.

Opłakujemy sześćdziesiąt trzy dni
i sześćdziesiąt trzy noce
walki. I godzinę
kiedy się wszystko skończyło.

Kiedy na miejsce, gdzie żyło milion ludzi,
przyszła pustka po milionie ludzi.

The Last Polish Uprising

We lament the hour
when it all began,
when the first shot was fired.

We lament the sixty-three days
and sixty-three nights
of battle. And the hour
when everything ended.

When the place where a million people had lived
became the emptiness of a million people.

Do mojej córki

Córeczko, ja nie byłam bohaterką,
barykady pod ostrzałem budowali wszyscy.
Ale ja widziałam bohaterów
i o tym muszę powiedzieć.

To My Daughter

Little daughter, I was not a hero,
everyone built barricades under fire.
But I have seen heroes
and that's what I must tell about.

Część I

PART I

Mówi żołnierz

Chociaż twoja kula trafi przez kurtkę
do mojego serca,
nie zabijesz mnie, wrogu.

Chociaż twój pocisk porwie na strzępy
moje ciało,
nie zabijesz mnie, wrogu.

A Soldier Says

Although your bullet will go through the jacket
to my heart,
you, enemy, will not kill me.

Although your bullet will tear apart
my body,
you, enemy, will not kill me.

Nalot

Mówią na głos litanię za konających,
urywają
w pół słowa.

Bombowiec pikuje nad dachem.

Przeleciał.
Huk. Śmierć zabiła inny dom, innych ludzi.

Oddychają, wraca im mowa.

– To trafiło dalej, proszę pana.
– Na szczęście, proszę pani.

Air Raid

They say aloud the litany for the dying,
breaking off
in mid-sentence.

A bomber dives over the roof.

It flew past.
Boom. Death killed a different house, different people.

They're breathing, their speech returns.

"It hit farther away, sir."
"Fortunately, ma'am."

Pali się

Palą się domy po lewej
palą się domy po prawej.
Cała ulica
w ogniu.

Przez krzyczące płomienie
biegną krzycząc ludzie.
Przebiegli.
Jeden pozostał.

It's Burning

The houses on the left are burning,
the houses on the right are burning.
The entire street
in flames.

Screaming people run
through screaming flames.
They've made it.
One remained.

Budując barykadę

Baliśmy się budując pod ostrzałem
barykadę.

Knajpiarz, kochanka jubilera, fryzjer,
wszystko tchórze.
Upadła na ziemię służąca
dźwigając kamień z bruku, baliśmy się bardzo,
wszystko tchórze –
dozorca, straganiarka, emeryt.

Upadł na ziemię aptekarz
wlokąc drzwi od ubikacji,
baliśmy się jeszcze bardziej, szmuglerka,
krawcowa, tramwajarz,
wszystko tchórze.

Upadł chłopak z poprawczaka
wlokąc worek z piaskiem,
więc baliśmy się
naprawdę.

Choć nikt nas nie zmuszał,
zbudowaliśmy barykadę
pod ostrzałem.

While Building the Barricade

We were afraid, building the barricade
under fire.

Barman, jeweler's mistress, barber,
all of us cowards.
The housemaid hit the ground
hauling a cobblestone, and we were very afraid,
all of us cowards—
ground's keeper, stallholder, pensioner.

The pharmacist dragging the toilet door
hit the ground,
and we got very scared,
smuggler girl, dressmaker, tram driver,
all of us cowards.

The boy from a reform school
fell dragging a sandbag,
and we got scared
for real.

Although no one forced us,
we built the barricade
under fire.

Umiera piękno

Płonie muzeum. Jak słoma
pali się piękno
czczone przez pokolenia.
Bezcenne
jak ciało człowieka.

Człowiekowi, który żył na świecie
tylko po to, żeby strzec muzeum,
udało się przybiec na czas.

Jeśli przeżyje, zaświadczy
dla przyszłych pokoleń,
jak pięknie umierało w płomieniach
piękno.

pamięci Jana Świerczyńskiego

Beauty Dies

The museum is burning. Like hay
the beauty worshipped by generations of men
is burning.
It's priceless
like the body of a man.

A man, who's lived in the world
only to guard the museum,
managed to show up on time.

If he survives, he'll confirm
for future generations
how beauty was dying like beauty
in flames.

in memory of Jan Świerczyński

Studnia

Biegniemy pod ostrzałem
do dołu w ziemi
zwanego studnią.

Trafiło tego,
co biegł przede mną.
Trafiło tego,
co biegł za mną.

Ciągniemy ich za nogi
i nowi biegną. Chyłkiem.

A Well

We're running under fire
to the hole in the ground
known as a well.

This man got hit,
running in front of me.
This man got hit,
running behind me.

We drag them by their feet
and more are running. Covertly.

Łączniczka

Ścigana seriami karabinów maszynowych
biega, czołga się, pełza
pod kulami, pod bombami
przenosi rozkazy i meldunki.

Oduczyła się jeść i spać.
Jej ciało
to tylko oczy.

Jance Jaworskiej

A Messenger

Chased by bursts of machine-gun fire
she runs, crawls, creeps
under the bullets, under the bombs,
carrying orders and reports.

She's unlearned to eat and sleep.
Her body
is only the eyes.

for Janka Jaworska

Papierośnica z brylantami

Przybiega do doktora
krzyczy
że męża trafiło w brzuch.

Przynosi mu pieniądze
przynosi futro
przynosi papierośnicę z brylantami.

Doktor nie poszedł do tego
którego trafiło w brzuch.
Bał się przebiec przez ulicę.

A Diamond-Studded Cigarette Case

She runs to the doctor
screams
that her husband has been hit in the stomach.

She brings him money
brings a fur
brings a diamond-studded cigarette case.

The doctor did not go to the one
hit in the stomach.
He was afraid to run across the street.

Harcerz

Ma szesnaście lat,
kosmyk nad czołem,
brzuch wklęsły z głodu,
oczy, które tydzień nie spały,
i karabin, który zdobył na wrogu
dziesięcioma palcami.

A między żebrami ma energię
paliwa rakiety kosmicznej.

pamięci Jurka Oleszczuka

A Boy Scout

He's sixteen years old,
a lock of hair across his forehead,
a stomach concave from hunger,
eyes that haven't slept in a week,
and a rifle he captured from the enemy
with his ten fingers.

And between his ribs the energy
of space rocket fuel.

in memory of Jurek Oleszczuk

Myśleli, że umarłam

Myśleli, że to ja upadłam
na rogu ulicy pod kulami.
Płakali.

Pobiegłam do tej, co upadła,
chiałam ją zabrać,
ale już odeszła.

Zostało ciało
trochę podobne do mojego,
które już się nie bało kul.

They Thought I Died

They thought it was I who fell
on the street corner under fire.
They cried.

I ran to the one who fell,
wanting to take her away,
but she was already gone.

What was left was the body,
somewhat similar to mine,
no longer afraid of bullets.

Dzień jak co dzień

U szewca gotują w kotle
kaszę dla całej kamienicy.

Gdy nalot, gasi się ogień,
znów nalot, znów trzeba gasić.

Łykają surową kaszę,
cieszą się, że żyją.

A Day like Any Other

At the cobbler's they're cooking
a pot of kasha for the entire tenement.

During an air raid, they put out the fire,
another air raid, they have to put it out again.

They swallow raw kasha,
they are happy to be alive.

Strzelać w oczy człowieka

Miał piętnaście lat,
był najlepszym uczniem z polskiego.
Biegł z pistoletem
na wroga.

Zobaczył oczy człowieka,
powinien był strzelić w te oczy.
Zawahał się.
Leży na bruku.

Nie nauczyli go
na lekcjach polskiego
strzelać w oczy człowieka.

pamięci Wieśka Rosińskiego

To Shoot into the Eyes of a Man

He was fifteen,
the best student of Polish.
He ran at the enemy
with a pistol.

Then he saw the eyes of a man,
and should've fired into those eyes.
He hesitated.
He's lying on the pavement.

They didn't teach him
in Polish class
to shoot into the eyes of a man.

in memory of Wiesiek Rosiński

Kradnie futra

Pocisk rozrywa drzwi
sklepu z futrami.

Człowiek wskakuje do środka,
chwyta naręcze futer,
biegnie dźwigając do bramy.

W bramie drugi pocisk
rozrywa człowieka.

He Steals Furs

A shell blows up the door
in a fur shop.

A man jumps inside,
grabs an armful of furs,
struggles, runs to the gate.

At the gate another shell
tears apart a man.

Dziewczyny z noszami

Przez góry gruzów
przez płonące bramy
po bruku rozstrzeliwanym kulami
biegną dźwigając na noszach
ciała człowiecze.

Bezsennne oczy
szukają na barykadach
tych co padli.
Wychudłe palce
dźwigają z kałuży krwi
konające głowy.

A kiedy trafi je pocisk
umierając
będą myślały z rozpaczą
kto dalej poniesie nosze
pod kulami.

Marucie Stobieckiej

Girls with a Stretcher

Through the mountains of rubble
through the burning gates
across the pavement riddled with bullets
they run, carrying
human bodies on the stretcher.

Sleepless eyes
scan the barricades for those
who died.
Skinny fingers
lift dying heads out of
pools of blood.

And when a shell hits them
dying
they will think in despair
about who will still carry the stretcher
under fire.

for Maruta Stobiecka

Na połciach mięsa

Zakradli się nocą do składu mięsa.
Wyciągali połcie mięsa.
Zastrzelili ich nocą Niemcy
na połciach mięsa.

On Chunks of Meat

They sneaked into a meat warehouse at night.
They were taking out chunks of meat.
Germans shot them
on chunks of meat at night.

Oni mieli dwanaście lat

Dwu ich poszło rozbrajać żandarma,
jeden sypnął piaskiem w oczy, drugi
do kabury skoczył po pistolet.
Tylko jeden wrócił wieczór do mamy
z pistoletem.

They Were Twelve

Two of them went to disarm a gendarme,
one threw sand in his eyes, the other
jumped for the pistol in the holster.
Only one returned in the evening to his mom
with a pistol.

Dwie garbuski

– Ja nie mogę umrzeć, proszę pani,
bo co zrobi beze mnie moja siostra.
Ona ma garb, leży pod oknem.

– Ja nie mogę umrzeć, proszę pani,
bo co zrobi beze mnie moja siostra.
Ona ma garb, leży koło drzwi.

Każda umarła
od rany swojej siostry
śmiercią swojej siostry garbuski.

Two Hunchbacks

"I can't die, madam,
my sister won't manage without me.
She's a hunchback, lying by that window."

"I can't die, madam,
my sister won't manage without me.
She's a hunchback, lying by that door."

Each died
from the wounds of her sister
the death of her hunchback sister.

Sąsiadka powiedziała do sąsiada

Sąsiadka powiedziała do sąsiada:
– Odkąd męża zabiło, nie sypiam,
jak strzelają, ja koc na głowę,
całą noc się trzęsę pod tym kocem.
Ja zwariuję, jak będę dzisiaj sama,
mam po mężu papierosy, proszę pana,
pan zajdzie wieczór.

A Woman Said to Her Neighbor

A woman said to her neighbor:
"Since my husband's death, I can't sleep,
when they shoot, I put a blanket over my head,
all night I tremble under the blanket.
I'll go crazy if I'm alone tonight,
I have my husband's cigarettes, sir,
do drop in tonight."

Dziecko się boi

Skulone w bramie
z tej strony, gdzie pada cień,
przerażone, że nie może
stać się cieniem,
bez oddechu słucha,
jak zbliżają się
dwa grzmiące na bruku buty
niemieckiego żołnierza.

A Child Is Scared

Huddled in a gateway
on the side where the shadow falls,
terrified he cannot
become a shadow,
he listens breathlessly
to them approaching,
thundering on the pavement—two boots
of a German soldier.

Pił dwie noce

Pan oficer
pił z pannami dwie noce.

Rano
poprowadził chłopców na akcję.
Akcja była szalona. Wróciła garstka.

Pan oficer
znowu pił z pannami dwie noce.

He Drank Two Nights

Mister officer
drank with the ladies for two nights.

In the morning
he led boys on a mission.
The mission was mad. A handful came back.

Mister officer
again drank with the ladies for two nights.

Zapomniał o matce

Konała w piwnicy
na workach z węglem,
wołała wody,
wołała syna,
nie było nikogo.

Syn zapomniał o matce,
syn czyścił automat.
Liczył naboje
przed walką.

Forgot about His Mother

She was dying in the basement,
on sacks of coal,
crying for water,
crying for her son,
no one was there.

The son forgot about his mother,
the son was cleaning his rifle.
He was counting bullets
before the battle.

Cieszmy się

Czytaliście dziś gazetkę – mówi ślusarz,
cały świat idzie nam na pomoc,
za tydzień będzie koniec, moja stara
ma imieniny, zapraszam
całą kamienicę na zabawę
– mówi ślusarz.

Let's Celebrate

"You've read the little paper today," says the locksmith,
"the entire world is coming to our aid,
it will be over in a week, my old lady
is celebrating her name day, I invite
the entire tenement to a party,"
says the locksmith.

Szczeniak

Kiedy zaczął rano ustawiać w bramie
butelki z benzyną,
stróż klął jak wściekły.

Szczeniak
wywalił mu język do pasa.

Wieczorem przynieśli go żołnierze,
podpalił czołg.

Stróż klął już ciszej kopiąc na podwórzu
mały dołek dla szczeniaka.

A Snot

When in the morning he began to line up in a gateway
bottles of gasoline,
the watchman cursed like a madman.

The snot
stuck his tongue out.

The soldiers brought him in the evening,
he'd set a tank on fire.

The watchman cursed more softly while digging in the courtyard
a small pit for the snot.

Po nalocie

Ze stosu rozbitych murów
sterczy w niebo
siwa jak mur
ręka z pięcioma palcami.

After an Air Raid

Out of a pile of broken walls
sticks skyward
gray as a wall
a hand with five fingers.

Pan Bóg ją ocalił

Kobieta konała w bramie na sienniku,
w sienniku były dolary.
Druga kobieta siedziała przy niej,
czekała, aż skona.

Potem biegła z dolarami przez ulice,
padały bomby.
Modliła się: ocal mnie, Panie Boże.

I Pan Bóg ją ocalił.

Lord God Saved Her

In a gateway a woman was dying on a straw mattress,
the mattress was stuffed with dollars.
Another woman sat next to her,
waiting for her to die.

Then she ran with the dollars across the street,
bombs were falling.
She prayed: save me, O Lord God.

And Lord God saved her.

Dwie twarze koloru żelaza

Kiedy z nieba lały się
sądy ostateczne,
kiedy żywi zazdrościli nieboszczykom
schronienia pod ziemią,
ci, co długo tęsknili do siebie,
spotkali się przypadkiem.

Patrzyli przerażeni
na swoje twarze koloru żelaza,
na oczy wilków, na szmaty.

I kiedy znów się rozstali,
żeby uciekać przed śmiercią
w dwie przeciwne strony,
zrozumieli, że umarła
ich mała, śliczna miłość.

Two Faces the Color of Iron

When final judgments
poured from the sky,
when the living envied the dead
for their underground shelter,
those who had long yearned for each other
met by chance.

Terrified they looked
at each other's faces the color of iron,
at the eyes of wolves, the rags.

And when they parted again
to escape death
in two opposite directions,
they realized that what died
was their little, pretty love.

Nocą na warcie

Nocą
staliśmy razem na warcie
dygocąc z zimna, młodziutki żołnierz i ja.
Cała kamienica śpi,
osiemdziesięcioro ludzi, śpią jak zabici.
Po drugiej stronie ulicy
Niemcy.

Nocą
staliśmy razem na warcie,
nakazaliśmy sercom, żeby nie biły.
Żebyśmy mogli słyszeć,
jak w ciemności
biją serca wrogów.

Night Watch

At night
we stood together on guard,
shivering from the cold, a young soldier and I.
The entire tenement was asleep,
some eighty people sleeping like the dead.
Across the street—
Germans.

At night
we stood together on guard,
ordering our hearts not to beat.
So we could hear
the hearts of our enemies
beating in the dark.

Żołnierz niemiecki

Dziś w nocy płakałeś przez sen,
śniły ci się twoje dzieci
w dalekim mieście.

Wstałeś rano, mundur, hełm,
na ramię automat.

Poszedłeś rzucać żywcem w ogień
cudze dzieci.

A German Soldier

Tonight you cried in your sleep,
you dreamed about your children
in a distant city.

You got up in the morning, put on a uniform, a helmet,
a machine-gun over your shoulder.

You went to throw in the fire alive
children of others.

Po pijanemu

Po pijanemu
wlazł na barykadę pod ostrzałem.
Szedł, zataczał się,
krzyczał: Jeszcze Polska.

Trafili go
w połowie drogi.
Czterech klnąc czołgało się na brzuchu,
wlekli ciało
pod ostrzałem.

Powiedzieli matce:
zginął jak bohater.

While Drunk

While drunk
he climbed atop the barricade under fire.
He walked, staggered,
shouting: "Poland Is Yet."

They hit him
halfway there.
Cursing, four men crawled on their stomachs,
dragging a body
under fire.

They told his mother:
he died a hero.

["Jeszcze Polska nie zginęła" / "Poland has not yet perished": the
opening words of Poland's national anthem]

Żyje godzinę dłużej

Dziecko ma dwa miesiące.
Doktor mówi:
umrze bez mleka.

Matka idzie cały dzień piwnicami
na drugi koniec miasta.
Na Czerniakowie
piekarz ma krowę.
Czołga się na brzuchu
wśród gruzów, błota, trupów.

Przynosi trzy łyżki mleka.
Dziecko żyje
godzinę dłużej.

pamięci Stanisławy Świerczyńskiej

Lives One More Hour

The child is two months old.
The doctor says:
without milk, the child will die.

Mother wanders all day through basements
to the other side of town.
In Czerniaków
a baker has a cow.
Mother crawls on her stomach
among rubble, mud, corpses.

She brings back three spoons of milk.
The child lives
one more hour.

in memory of Stanisława Świerczyńska

Rozwala barykady

Ulicą pustą jak wymiótł
strzelając toczy się czołg.
Rozstrzeliwuje
domy
rozwala
barykady.

Z bramy wyskoczył szczeniak,
w garści butelka benzyny.
Ulicą pustą jak wymiótł
biegnie
skulony
na czołg.

It Smashes the Barricades

In a clean-swept street
a firing tank rolls on.
It mows down
houses
it smashes
barricades.

A snot jumps out from a gateway,
a bottle of gasoline in hand.
In a clean-swept street
he runs
hunched
at the tank.

Konali obok siebie

– Tu obok na łóżku leży pani mąż.
– Tu obok leży pana żona.
Konali obok siebie
każdy zakutany z głową w swoje cierpienie,
nie patrzyli na siebie.

Mocowali się ze śmiercią,
ściekał pot, zgrzytały zęby.

O świcie
mąż spojrzał w okno.
– Czy dożyję dnia? – zapytał.

Umarli na łóżkach obok,
nie spojrzeli na siebie.

Dying Next to Each Other

"Here in the next bed lies your husband, ma'ma."
"Here next to you lies your wife."
They were dying next to each other
each with their head wrapped in their own suffering,
they did not look at each other.

They wrestled with death,
sweat streamed, teeth ground.

At dawn
the husband looked at the window.
"Will I live till morning?" he asked.

They died in their beds side-by-side,
did not glance at each other.

Zwycięstwo

Żołnierze zdobyli ważny gmach,
ludzie całują żołnierzy,
zwycięstwo.

Stróżka biegnie z chorągwią
na czwarte piętro, do okna.
Trafia ją kula.

Kiedy ją niosą, jej oczy
jeszcze nie wiedzą,
że ona już umarła.

Potem
jej oczy zaczynają się dziwić.
I umierają jej oczy ze zdziwienia,
że ona już umarła.

A Victory

Soldiers captured a key building,
people are kissing the soldiers,
a victory.

The guard runs with the flag
to the fifth floor, to the window.
A bullet hits her.

As they carry her, her eyes
don't know yet
that she's already dead.

Later
her eyes begin to wonder.
And her eyes die surprised
that she's already dead.

Żołnierz mówi do generała

Chodź ze mną, generale.
Pójdziemy razem
zdobywać pięściami
karabiny maszynowe i armaty.

Kazałeś mi przecież zdobywać pięściami
karabiny maszynowe i armaty.

A Soldier Says to a General

Come with me, General.
We'll go together
to capture with our fists
machine guns and cannons.

It was you who told me to capture with my fists
machine guns and cannons.

Część II

PART II

Moja pokora

Padałam na ziemię pokory
tak pokorna że aż niewidzialna
tak pokorna że mnie wcale nie było
przed męczeństwem
nie na moją miarę
którego nie czułam się godna
nawet być świadkiem.

My Humility

I kept falling to the ground of humility
so humble I was invisible
so humble there was no me at all
facing martyrdom
that was bigger than me
which I did not feel worthy of
even witnessing.

Szpital

Pożar cierpienia
buchał oknami,
konali rzędami na podłodze,
stawiałam nogi
między krzyczące usta i oczy.

Każde ciało było twierdzą
zamkniętą na usta i oczy,
w której śmierć i życie
toczyły pojedynek na śmierć i życie.

Wszędzie poniewierały się
klejnoty męstwa i nadziei,
szpital był skarbcem
skarbów bez ceny.

A Hospital

The fire of suffering
billowed from the windows,
they were dying in rows on the floor,
I placed my feet
between screaming mouths and eyes.

Each body was a fortress,
locked at the mouths and eyes,
in which life and death
fought a life and death duel.

Jewels of courage and hope
loitered everywhere,
the hospital was the treasure vault
of priceless treasures.

Rozmawiam z trupami

Spałam z trupami pod jednym kocem,
przepraszałam trupy,
że jeszcze żyję.

To był nietakt. Przebaczały mi.
To była nieostrożność. Dziwiły się.
Życie
było wtedy tak bardzo przecież niebezpieczne.

Talking with Corpses

I slept with corpses under one blanket.
I apologized to the corpses
for being alive.

What a gaffe. They forgave me.
What carelessness. They were surprised.
Life
after all was so dangerous back then.

Nosiłam baseny

Byłam posługaczką w szpitalu
bez lekarstw i bez wody.
Nosiłam baseny
z ropą, krwią i kałem.

Kochałam ropę, krew i kał,
były żywe jak życie.
Życia było dokoła
coraz mniej.

Kiedy ginął świat,
byłam tylko dwojgiem rąk, co podają
rannemu basen.

I Carried Bedpans

I worked as an orderly at the hospital
without medicine and water.
I carried bedpans
filled with pus, blood and feces.

I loved pus, blood and feces—
they were alive like life,
and there was less and less
life around.

When the world was dying,
I was but two hands, handing
the wounded a bedpan.

Dwudziestu moich synów

Na mojej sali
leży dwadzieścia żołnierskich brzuchów.
Poszarpane, we krwi,
walczą zażarcie
o życie.

Znam je wszystkie na pamięć,
w dzień przynoszę im baseny, myję z kału.
W nocy śni mi się
że przynoszę im baseny,
myję z kału.

Gdy któryś brzuch
umiera w moim śnie,
zrywam się
i podchodzę na palcach do łóżka.

Na mojej sali
walczy na zęby z nicością
dwudziestu moich synów.

My Twenty Sons

In my ward
twenty soldier bellies lie.
Torn, bloody,
they fight fiercely
for their lives.

I know them all by heart,
during the day I bring them bedpans, wash them clean of feces.
At night I dream
I bring them bedpans,
wash them clean of feces.

When one belly
dies in my sleep,
I jump to my feet
and tiptoe to the bed.

In my ward
my twenty sons are fighting
tooth and nail with nothingness.

Harcerka

Kiedy umierała w szpitalu
powiedziała koleżankom że się wstydzi
że jest wojna że ona jest żołnierzem
więc się bardzo wstydzi ale prosi
ona nigdy nie była na zabawie
żeby ją ubrały po śmierci w tę sukienkę
z koronką.

Gdy umarła ubrały ją w sukienkę
i stanęły we cztery na baczność
przy jej łóżku i stały godzinę.

A Girl Scout

When she was dying in the hospital
she told her girlfriends she is ashamed
that this is a war that she is a soldier
so she is very ashamed but asks
since she's never been to a party
that after she dies they put on her that dress
with lace.

When she died they put on her that dress
and the four of them stood at attention
by her bed and stood for an hour.

Włosy jak wodospad

To była ciężka noc w szpitalu,
smród ropy, jęki rannych,
schyliłam się w ciemności przy jej ustach,
szeptała, jak ją kochał
i jak odszedł,
młoda kobieta z włosami jak wodospad.
Wczoraj
amputowali jej nogę.

Szeptała o swoim szczęściu i o rozpaczy,
trzymała moją rękę,
o świcie
odchodząc powiedziałam:
do wieczora.

Ale właśnie owego wieczora
przyszło to okamgnienie
w którym szpital przestał istnieć.
I nie zobaczyłam już nigdy
tej kobiety bez nogi, z włosami
jak wodospad.

Hair like a Waterfall

It was a tough night in the hospital,
the smell of pus, the moans of the wounded,
I bent down to her mouth in the dark,
she whispered how he loved her
and how he left,
this young woman with hair like a waterfall.
Yesterday
they amputated her leg.

She whispered about her happiness and her despair,
she held my hand,
at dawn
while I was leaving I said:
till evening.

But then in the evening
came that twinkling of an eye
in which the hospital ceased to exist.
I did not see ever again
the woman without a leg, with hair
like a waterfall.

Czekam trzydzieści lat

Miał chyba dwa metry ten młody drągal,
ten wesoły robotnik z Powiśla,
co bił się
w piekle na Zielnej, w gmachu telefonów.
Gdy przewijałam mu
poszarpaną nogę,
krzywił się, śmiał się.

– Jak się skończy wojna,
pójdziemy potańczyć, panienko.
Ja stawiam.

Czekam na niego
trzydzieści lat.

Waiting Thirty Years

He must've been 6'5", that young beanpole,
cheerful laborer from Powiśle,
who fought
in a hell at Zielna Street, in the telephone company headquarters.
When I was re-bandaging
his torn-up leg,
he winced and smiled.

"When the war ends
we'll go dancing, little miss.
I'm buying."

I've been waiting for him
for thirty years.

Gniła za życia

Szpitalny lekarz
kazał zasłonić jej twarz gazą
i stała się odległa
jak trumienne portrety egipskich piękności.
Szedł od niej smród, gniła
za życia.

Pięć tygodni ropa, dreny.
Narzeczony
przestał już przychodzić.

Trafiło ją pierwszego dnia.
Nim zdążyła
wykonać pierwszy rozkaz.

pamięci żołnierza Krystyny

She Rotted Alive

The hospital doctor
ordered her face to be covered with gauze
and she became distant
like the coffin portraits of Egyptian beauties.
She stank, rotting
alive.

Five weeks of pus, drains.
Her fiance
stopped coming by.

She was hit on the first day.
Before she could
carry out the first order.

in memory of soldier Krystyna

Nocny dyżur

Wychyliła się w sierpniową noc
z okna ciemnej sali szpitalnej
poczuła na młodych włosach koło skroni
sierpniowy wiatr.

I muśnięcie odłamka pocisku
który sycząc
plusnął w kałużę na dole.

Night Shift

On an August night she leaned
out of the window of a dark hospital room
felt on her young hair near the temples
August wind.

And the brush of shrapnel
that hissed
splashing in the puddle below.

Gdy żołnierz kona

Przy noszach na podłodze
uklękłam obok niego
całowałam jego kurtkę
mówiłam: jesteś piękny
możesz dać tyle szczęścia
sam nie wiesz ile szczęścia
będziesz żyć mój piękny
mój dzielny.

Uśmiechał się i słuchał
ciążyły mu powieki
nie wiedział że takie słowa
mówi się żołnierzowi
tylko kiedy kona.

When a Soldier Is Dying

By the stretcher on the floor
I knelt down beside him
I kissed his jacket
I said: you're beautiful
you can give so much happiness
even you don't know how much happiness
you'll live my beautiful
my brave.

He smiled and listened
his eyelids drooped
he didn't know such words
are told to a soldier
only when he's dying.

Rozmowa przez drzwi

O piątej nad ranem
pukam do jego drzwi.
Mówię przez drzwi:
w szpitalu na Śliskiej
umiera pana syn, żołnierz.

On uchyla drzwi,
nie zdejmuje łańcucha.
Za nim żona
dygoce.

Ja mówię: syn prosi matkę,
żeby przyszła.
On mówi: matka nie przyjdzie.
Za nim żona
dygoce.

Ja mówię: doktor pozwolił
dać mu wina.
On mówi: proszę zaczekać.

Podaje przez drzwi butelkę,

Conversation through the Door

At five in the morning
I knock on his door.
I say through the door:
in the hospital on Śliska Street,
your son, a soldier, is dying.

He opens the door,
doesn't unhook the chain.
Behind him his wife
trembles.

I say: your son asks for his mother
to come.
He says: his mother won't come.
Behind him his wife
trembles.

I say: the doctor let him
have wine.
He says: please wait.

He hands me a bottle through the door,

zamyka drzwi na klucz,
zamyka na drugi klucz.

Za drzwiami żona
zaczyna krzyczeć
jakby rodziła.

locks the door,
locks with the second key.

Behind the door
the wife begins to scream
as if she were in labor.

Boję się ognia

Dlaczego tak się boję
biegnąc tą ulicą
która się pali.

Nie ma tu przecież nikogo
tylko ogień szumi do nieba,
a ten huk to nie bomba
to tylko runęły trzy piętra.

Tańczą gołe, oswobodzone płomienie,
machają rękami
przez jamy okien
to grzech podglądać
gołe płomienie
grzech podsłuchiwać, co mówi
wolny ogień.

Uciekam do tej mowy,
co brzmiała na ziemi
wcześniej niż mowa człowieka.

I'm Afraid of Fire

Why am I so afraid
running down
this burning street.

There's no one here
except flames roaring skyhigh
and that bang was not a bomb
only three floors collapsing.

Naked the flames dance, liberated,
they wave their hands
from the window caves
what a sin to spy
on naked flames
what a sin to eavesdrop
on breathing fire.

I flee this speech,
which sounded
on earth before the speech of man.

Major powiedział

– Rozkaz ma być doręczony w ciągu godziny –
powiedział major.
– To niemożliwe, tam piekło –
powiedział podporucznik.
Poszło pięć łączniczek,
jedna doszła.

Rozkaz był doręczony w ciągu godziny.

pamięci Anny Ratyńskiej

Said the Major

"This order must be delivered within an hour"
said the Major.
"That's not possible, it's an inferno out there,"
said the Second Lieutenant.
Five messenger girls went out,
one made it.

The order was delivered within the hour.

in memory of Anna Ratyńska

Krzyk spod ziemi

Kiedy się skończył nalot
ludzie przybiegli wołali
tu są pogrzebani żywcem
słychać jak krzyczą
na tę piwnicę
zawaliły się trzy piętra.

Ludzie kopali rękami
chieli odkopać trzy piętra
szpadlami rękami
o pięciu palcach.
Kopali dzień i noc.

Rano był drugi nalot
zabił tych co kopali
już nikt nie słyszał
krzyku spod ziemi.

A Scream from Underground

When the air raid was over
people ran over screaming
people are buried alive here
you can hear them screaming
three floors collapsed
on top of this basement.

People dug with their hands
they wanted to dig out three floors
with spades hands
with five fingers.
They dug day and night.

In the morning came another air raid
it killed those digging
now no one heard
a scream from underground.

Pani mecenasowa

Pięć tygodni leży w piwnicy
zakutana z głową w dwie pierzyny
na kupie węgla.
Boi się wyjść na podwórko
trzęsie się modli się tam bomby.
Przyciska pod koszulą
ciepłą od wszy
złoty zegarek.

Kiedy się wszystko skończyło
ktoś zajrzał do piwnicy.
Już się nie trzęsła
nie było pierzyn
ani złotego zegarka.
Opuściły ją nawet
wszy.

A Lawyer's Wife

Five weeks she lies in the basement
with her head buried in two comforters
on a pile of coal.
She's afraid to go out into the courtyard
she trembles prays because of the bombs.
Against her shirt, warmed by lice,
she presses
a gold watch.

When it was all over
someone peeked into the basement.
She no longer trembled
there were no comforters
or the gold watch.
She's been abandoned
even by the lice.

Koszula powstańca

Koszula powstańca ma wszy
śmierdzi smrodem kanałów
śmierdzi potem młodości
potem walki i strachu.

Chciał ją wyprać
tylko że już zabrakło wody
i miednicy do tej wody
i domu do tej miednicy.

Potem w koszulę wsiąkła krew
i wtedy ludzie
dali mu drugą czystą
gdy go kładli do skrzyni z białych desek.

An Insurgent's Shirt

An insurgent's shirt has lice
it stinks of the stench of the sewers
it stinks of the sweat of youth
of the sweat of battle and fear.

He wanted to wash it
only there wasn't enough water
or a washbowl for the water
or a house for the washbowl.

Later the shirt was soaked with blood
and then people
gave him a second clean one
when they lay him into a box of white boards.

Ostatnia kropla powietrza

Zakochani umierali
w zasypanej piwnicy.

Gdy powietrze już się skończyło
a śmierć
zapomniała przyjść
kto komu oddał
ostatnią kroplę powietrza.

The Last Drop of Air

Lovers were dying
in a collapsed basement.

When there was no more air
and death
forgot to come
who gave whom
the last drop of air.

Mój mężczyzna

Żebym mogła go ukryć
we wnętrznościach
byłby bezpieczny jak dziecko
co się jeszcze nie urodziło.

Żebym mogła nosić go w sobie
jak matka dziecko
wiedziałabym w każdej sekundzie
że jeszcze go nie zabili.

To jest mój mężczyzna
moje dziecko.
Ja go ocalę.
Ja zamiast niego
pójdę na śmierć, on przeżyje.

My Man

If I could hide him
in my entrails
he would be safe as a child
yet to be born.

If I could carry him inside me
as a mother a child
I would know every second
he hasn't been killed.

This is my man
my baby.
I'll save him.
I instead of him
will go to die, he'll survive.

Patrzył na ścianę

Kiedy przyszedł ze Starówki kanałami,
żona go nie poznała.
Usiadł w kącie piwnicy,
patrzył na ścianę.

Doktor powiedział: umrze,
jak nie będzie wychodzić nocą
na podwórko.

Chcieli go wynieść,
krzyczał.

Więc wynieśli go dopiero po śmierci,
żeby zakopać nocą
na podwórku.

He Stared at the Wall

When he arrived from the Old Town through the sewers,
his wife didn't recognize him.
He sat down in the corner of the basement,
stared at the wall.

The doctor said: he'll die,
if he doesn't go out at night
into the courtyard.

They wanted to get him out,
he screamed.

So they got him out only after his death,
to bury him at night
in the courtyard.

Chciał ocalić syna

Chciał ocalić jedynego syna.
Niemcy zrzucili ulotki
żeby się poddać,
obaj poszli się poddać, ręce do góry,
w rękach ulotki.

Niemcy pognali ich przed czołgiem,
czołg ruszył do ataku na polski szpital,
zginęli od polskiej kuli,
bo chiał ocalić jedynego syna.

He Wanted to Save His Son

He wanted to save his only son.
The Germans dropped leaflets,
urging a surrender,
they both went to surrender, with their hands up,
holding the leaflets.

The Germans rushed them in front of a tank,
the tank began an attack on a Polish hospital,
they were killed by a Polish bullet,
because he wanted to save his only son.

Czternastoletnia sanitariuszka myśli zasypiając

Żeby wszystkie kule na świecie
trafiły we mnie,
toby już nie mogły trafić w nikogo.

I żebym umarła tyle razy,
ile jest ludzi na świecie,
żeby oni nie musieli już umierać,
nawet Niemcy.

I żeby ludzie wcale nie wiedzieli,
że ja umarłam za nich,
żeby nie było im smutno.

Thoughts of a Fourteen-Year-Old Nurse before Sleep

If all the bullets in the world
hit me,
then they couldn't hit anybody else.

And let me die as many times
as there are people in the world,
so they wouldn't have to die,
even the Germans.

And let nobody know
I died for them,
so they wouldn't be sad.

Wspaniały obraz

Umierał w błocie wspaniały obraz
dziurawiły go kule,
deptały buty ludzi,
co biegli pod kulami,
dwa buty przystanęły,
chwyciły go dwie ręce,
niosły pod kulami,
aż upuściły w błoto,
na obraz pociekła krew,
upadło ciało,
wspaniały obraz umarł
dopiero później.

A Great Painting

A great painting was dying in the mud
riddled by bullets,
trampled by boots of people
running under fire,
two boots stopped,
two hands grabbed it,
carried it under fire
until they dropped it in the mud,
blood streamed onto the painting,
a body fell,
the great painting died
only later.

Zakopuję ciało wroga

Wrogu, ty też się bałeś,
choć ci dali wspaniały automat.
Strach w twoich oczach
skonał później niż ty.

Wiele ludzi zabił twój automat,
wiele ludzi stawiałeś pod ścianą,
aż przyszła na ciebie
godzina człowieczej nicości.

Dzieci będą płakać po tobie,
byłeś dobry
dla swoich dzieci.

Wrogu, zakopuję twoje ciało
w tej ziemi, którą splamiłeś krwią.
Ona cię przyjmie,
jakbyś nie był jej wrogiem.

I Bury My Enemy's Body

Enemy, you too were afraid,
though they gave you a great automatic rifle.
The fear in your eyes
died later than you.

Your automatic rifle killed many people,
you lined many people against the way,
until it was your turn
to face the hour of human nothingness.

Children will cry after you,
you were good
to your children.

Enemy, I bury your body
in this ground, which you stained with blood.
The ground will accept you
as if you were not its enemy.

Z granatem na gniazdo cekaemów

Przestali strzelać, poruczniku,
dajcie mi granat, ja pójdę pierwsza,
ja najmniejsza, mnie nie zobaczą,
jak kot na brzuchu, dajcie mi granat.

Jak kot na brzuchu przez kałużę,
granat w garści, wolno powoli
serce tak wali, jeszcze usłyszą,
pomóż mi Boże, wolno powoli,
jak kot na brzuchu, bliżej bliżej,
Boże, jeszcze, jeszcze bliżej,
teraz, odbezpiecz granat, skok.

Skoczyła. Niemcy
puścili serię.

With a Grenade against the Nest of Machine Guns

They stopped shooting, Lieutenant,
give me a grenade, I'll go first,
I'm the smallest, they won't see me,
like a cat on its stomach, give me a grenade.

Like a cat on its stomach, through the puddle,
a grenade in her hand, slowly slowly
her heart pounding hard, they might hear it,
God help me, slowly slowly,
like a cat on its stomach, closer closer,
God, closer, closer still,
now, pull out the pin, jump.

She jumped. The Germans
fired a volley.

Żona mówi do męża

Nie pójdziesz z nimi, tam śmierć.
Nie puszczę cię na śmierć.
Niech wszyscy idą, nie pójdziesz,
niech wszyscy umrą, nie pójdziesz.

Nie patrz tak na mnie
tymi oczami.
Ja mam prawo. Ja walczę
o swoje życie. Nawet pies
ma prawo walczyć o życie.

Nie odpychaj mnie,
nie szarp drzwi.
Nie pójdziesz, nie pójdziesz, nie pójdziesz.
Niech wszyscy umrą,
nie pójdziesz.
Do nóg ci padnę,
nie pójdziesz.

Zabij mnie,
nie przejdziesz przez ten próg.

A Wife Says to Her Husband

You won't go with them, there is death.
I won't let you go to your death.
Let them all go, you won't go,
let them all die, you won't go.

Don't look at me like that
with those eyes.
I have a right. I fight
for my own life. Even a dog
has the right to fight for its life.

Don't push me away,
don't pull on the door.
You won't go, you won't go, you won't go.
Let them all die,
you won't go.
I'll fall at your feet,
you won't go.

Kill me,
you won't cross this threshold.

Dwa ziemniaki

Niosłam dwa ziemniaki
podeszła kobieta.

Chciała kupić dwa ziemniaki
miała dzieci.

Nie dałam jej dwu ziemniaków
schowałam dwa ziemniaki.

Miałam matkę.

Two Potatoes

I carried two potatoes
a woman came up to me.

She wanted to buy two potatoes
she had children.

I didn't give her two potatoes
I hid two potatoes.

I had a mother.

Samoloty

To nie były niemieckie samoloty,
niosły pomoc,
nie wierzyliśmy oczom,
żywych oczu było już coraz mniej.

Że to nie były niemieckie samoloty,
upewnił nas
grzmot
pocisków przeciwlotniczych.

Podnieśliśmy ręce do góry,
rękami
zasłanialiśmy przed śmiercią
samoloty, które nie były niemieckie.

Airplanes

Those weren't German planes,
they were bringing aid,
we didn't believe our own eyes,
there were fewer and fewer living eyes.

That they were not German planes
was made clear
by the thunder
of anti-aircraft guns.

We raised our hands up,
with hands
we were shielding from death
airplanes that were not German.

Tylko piasek przetrwał

Cały tydzień
dźwigali wory z piaskiem dniem i nocą
do bramy, do okien.

Naprzeciw Niemcy,
nasz dom będzie twierdzą, przetrwamy.

Siódmego dnia o świcie
przeleciał niziutko nad dachem
samolot.

I tylko piasek przetrwał.

Only Sand Survived

All week
they hauled sandbags night and day
to the gateway, to the windows.

Facing the Germans,
our house will be a fortress, we'll survive.

At dawn on the seventh day
a plane flew low
over the roof.

And only the sand survived.

Kule trzeba oszczędzać

Zabrakło już granatów – mówi major.
Kule trzeba oszczędzać – mówi major.

Młodych ciał nie trzeba oszczędzać.
Z młodych ciał można przecież budować
barykady, gdy nie ma kul i granatów.

Bullets Need to Be Conserved

There's no more grenades—says the major.
Bullets need to be conserved—says the major.

Young bodies need not be conserved.
The young bodies can be used to build
barricades with, when there's no bullets and grenades.

Rozpacz

Ręka bez broni
podnosi się do nieba
chwyta niebo palcami za gardło
i opada.

Despair

A hand without a weapon
reaches for the sky
grabs it by the throat with its fingers
and falls.

Część III

PART III

Piekło

Krzyczą kamienice rozdzierane jak papier
od dachu do piwnic,
krzyczą kobiety
gnane na kule przed czołgami,
krzyczą mężczyźni
wleczeni pod lufy karabinów,
krzyczą dzieci
rzucane żywcem w ogień.

Hell

Tenements are screaming
torn like paper from roof to basement,
women are screaming
herded under fire before tanks,
men are screaming
dragged before barrels of guns,
children are screaming
thrown alive into the fire.

Czekam na rozstrzelanie

Mój strach potężnieje
z każdą sekundą
jestem potężna
jak sekunda strachu
jestem wszechświatem strachu
jestem
wszechświatem.

Teraz kiedy
stoję pod ścianą
i nie wiem czy zamknąć oczy
czy nie zamykać.

Teraz kiedy
stoję pod ścianą czekając na rozstrzelanie.

Waiting before the Firing Squad

My fear grows more powerful
with every second
I am powerful
like a second of fear
I am a universe of fear
I am
the universe.

Now when
I stand against the wall
and don't know whether to close my eyes
or not to close.

Now when
I stand against the wall, waiting for the firing squad.

W schronie czekając na bombę

Trzęsą się, kulą się,
zamykają oczy,
zasłaniają uszy,
modlą się milczą,
swój tuli się do swego,
obcy tuli się do obcego,
żona tuli się do złego męża,
zła córka objęła matkę,
pijak mówi: Przebacz mi, Boże.

Wszystkich otwiera trwoga,
łączy trwoga,
oczyszcza trwoga.

Wniebowstępują zbiorowo
do nieba trwogi.

Waiting for the Bomb in the Air Shelter

They tremble, cower,
close their eyes,
cover their ears,
pray, fall silent,
friends cuddle friends,
strangers cuddle strangers,
a wife cuddles her bad husband,
a bad daughter embraced her mother,
a drunk says: Forgive me, God.

Fear opens them,
fear unites them,
fear cleanses them.

They ascend collectively
into the heaven of fear.

Człowiek i stonoga

Ja przeżyję.

Znajdę taką najgłębszą piwnicę,
zamknę się, nie wpuszczę nikogo,
wygrzebię w ziemi jamę,
zębami wygryzę cegły,
schowam się w murze, wejdę w mur
jak stonoga.

Wszyscy umrą, a ja
przeżyję.

Man and Centipede

I will survive.

I'll find the deepest basement,
shut myself inside, won't let anybody in,
I'll dig a hole in the ground,
chew out the bricks,
I'll hide in the wall, I'll go into the wall
like a centipede.

Everyone will die, and I
will survive.

Śmiertelne oczy

Czego boisz się wrogu
podchodząc do tej barykady
rozbitej.

Tam nie ma już granatów
ani rąk co mogą je rzucić.

Tam mogą cię tylko uderzyć
w serce człowiecze
oczy
śmiertelnie rannej dziewczyny.
Kiedy zasłoni
przed twoją kulą
śmiertelnie rannych kolegów.

Mortal Eyes

What are you afraid of, enemy,
approaching the barricade
that's smashed.

There's no more grenades
or hands able to throw them.

There you can only be hit
in the heart by the human
eyes
of a mortally wounded girl.
When she shields
from your bullet
her mortally wounded friends.

Gdy strzelasz we mnie

Przez okamgnienie
patrzymy sobie w oczy.
Gdy minie okamgnienie
strzelisz we mnie.

Ciężko jest umrzeć
ciężko jest zabić
w moich oczach trwoga
w twoich oczach trwoga
zabijasz te dwie trwogi
strzelając
we mnie.

When You Shoot at Me

In the blink of an eye
we look into each other's eyes.
When the blink of an eye passes
you'll shoot at me.

It's hard to die
it's hard to kill
fear in my eyes
fear in your eyes
you kill the two fears
when you shoot
at me.

Żuje surowe żyto

Nigdy nie wygląda oknem,
nigdy nie schodzi do schronu,
żuje surowe żyto,
od świtu do świtu pisze
książkę.

Gdy kto czasem zapuka,
chowa książkę do pieca.
Piec może się spalić razem z domem,
domy dookoła się palą,
przeklina powstanie.

W nocy zszedł do piwnicy,
skradał się jak złodziej,
zakopał w ziemi książkę,
nałożył na wierzch
górę węgla.

Wracał szczęśliwy,
uratował swoje życie.
Teraz
mogą go już rozstrzelać.

He Chews Raw Rye

He never looks out the window,
never goes down to the shelter,
he chews raw rye,
from dawn to dawn he writes
a book.

When someone knocks sometimes,
he hides the book in the oven.
The oven may burn down along with the house,
all the houses around are burning,
he curses the uprising.

At night he went down to the basement,
he crept like a thief,
he buried the book in the ground,
covered it
with a pile of coal.

He returned happy,
having saved his life.
Now
they can execute him.

Szli kanałami

Szli kanałami
niosła go na plecach
po piersi w śmierdzącym kale
w ciemności bez powietrza
potykała się o trupy
tych co się potopili
czepiała się śliskich ścian
po których pełzały szczury
mówiła: poruczniku
niech pan się trzyma za szyję
to już niedługo.

Szli kanałami błądzili
niosła go na plecach
dziesięć godzin.

Gdy wyszła na ulicę
pod niebo czystej nocy
sanitariuszki powiedziały:
przyniosłaś trupa.

They Walked through the Sewers

They walked through the sewers
she carried him on her back
chest-deep in reeking feces
in darkness with no air
she stumbled on corpses
of those who drowned
she clung to slippery walls
crawling with rats
she said: Lieutenant
Sir hold on to my neck
it won't be much longer.

Lost they walked through the sewers
she carried him on her back
for ten hours.

When she came up to the street
below the sky on a clear night
the nurses said:
you brought a corpse.

Dziewczyna mówi do chłopca

Chodź do piwnicy,
tam nie ma nikogo.
Jutro skończą nas Niemcy,
nie przedrzemy się, skończą nas,
zostały tylko dwa granaty.
Chodź do piwnicy, tam ciemno.

To nic, że tu szczury,
wszędzie szczury.
Przytul się do mnie. Ty też drżysz.
Ja wiem, że mnie nie kochasz.

Jestem nikczemna. Gdyby mama wiedziała.
Nie mów nic. Jutro
pewnie umrzemy.

Boję się. Zmów za mnie pacierz.
Nie kochasz mnie. Zmów za mnie pacierz.
Ja zmówię pacierz za mamę
i za ciebie.

A Girl Says to a Boy

Come to the basement,
there is no one there.
Tomorrow the Germans will finish us off,
we won't break through, they'll finish us off,
there's only two grenades left.
Come to the basement, it's dark there.

Don't mind the rats,
rats everywhere.
Cuddle up to me. You too tremble.
I know you don't love me.

I am wicked. If my mother knew.
Don't say anything. Tomorrow
we might die.

I'm afraid. Say a prayer for me.
You don't love me. Say a prayer for me.
I'll say a prayer for my mom
and for you.

Szlochające ramiona

Kiedy przyszedł się pożegnać,
był już obcy.

Otoczyła go
szlochającymi ramionami.
Nie płakał. Trupy nie płaczą.

Nie pocieszał jej.
Był już okrutny
jak śmierć, która na niego czekała
na śmiertelnym posterunku, dokąd
musiał iść.

Weeping Arms

When he came to say goodbye,
he was already a stranger.

She surrounded him
with weeping arms.
He didn't cry. Corpses don't cry.

He didn't comfort her.
He had become cruel
like death, which waited for him
at the fatal post, where
he had to report.

Jej śmierć ma szesnaście lat

Konając we krwi na bruku
skąd ma wiedzieć, że kona.
Jest tak szczelnie wypełniona młodością,
że nawet jej konanie jest młode.
Nie umie umierać. Umiera przecież
pierwszy raz.

Her Death Is Sixteen

Dying in the pool of blood on the pavement,
how is she to know that she's dying.
She's so tightly filled with youth
that even her dying is youthful.
She doesn't know how to die. She's dying
for the first time.

Panika

Ludzie przybiegli do oficera,
trzęśli się, przysięgali, płakali.
– Na rany Chrystusa, tam są szpiegi.
Mamy dowody.

Oficer kazał rozstrzelać
szpiegów. Leżeli rzędem
ojciec, córka, zięć,
tulili się do siebie po śmierci.

Wtedy przybiegli inni ludzie.
Trzęśli się, przysięgali, płakali.
– Na rany Chrystusa, kazałeś rozstrzelać
niewinnych.

Panic

People ran to the officer,
trembled, swore, cried.
"For Christ's sake, there are spies.
We have proof."

The officer had the spies
shot. They lay in a row—
father, daughter, son-in-law,
nestled together in death.

Then other people came running.
They trembled, swore, cried.
"For Christ's sake, you ordered the shooting
of the innocents."

Spowiedź na bruku

– To za moje grzechy – wyła kobieta.
To boska kara – wyła kobieta.

Sprzedawałam bochenek chleba za pierścionek,
mleko dla dziecka za złoty zegarek,
błagali o zastrzyki, nie sprzedałam zastrzyków,
o jodynę, nie dałam.

To za moje straszne grzechy, Boże,
tak strasznie karzesz mnie, Boże
sprawiedliwy.

Kobieta wyła klęcząc na bruku,
padając na bruk,
bijąc głową o bruk,
przy zwłokach
dziecka.

Confession in the Street

It's for my sins—a woman wailed.
It's a divine punishment—a woman wailed.

I sold a loaf of bread for a ring,
a child's milk for a gold watch,
they begged for injections, I didn't sell them injections,
for iodine, I didn't give it.

It's for my terrible sins, God,
you're punishing me, O righteous
God.

A woman wailed, kneeling on the pavement,
falling to the pavement,
beating her head against the pavement,
beside the body
of a child.

Marzenie harcerki

Kiedy mnie rostrzelają,
nie wszystko jeszcze się skończy.

Podejdzie
żołnierz, co mnie rozstrzelał,
i powie: taka młoda
jak moja córka.

I spuści głowę.

A Girl Scout's Dream

When they execute me,
not everthing will come to an end.

The soldier
who shot me dead will approach
and say: as young
as my daughter.

And he'll lower his head.

W redakcji gazety

Żywcem mnie nie wezmą – mówi redaktor.
Umówiłem się z kolegą,
jak przyjdą Niemcy, ostatnią kulą
on mnie łeb rozwali, a ja jemu.

Allanowi Kosko

In the Paper's Editorial Office

They won't take me alive—says the editor.
I've arranged with my friend
that when the Germans come, he'll use the last bullet
to blast my head while I blast his.

for Allan Kosko

To już koniec

Tej nocy
zrozumieli wszyscy, że to już koniec.

Zabrakło wody
i sił, żeby szukać wody,
od trzech dni
nie ma łyżki gotowanego jęczmienia,
na brudnych bandażach
śmierdzi ropa i krew,
oczy, które tydzień nie spały,
zamykają się nawet na posterunku
bojowym, pod ostrzałem,
nogi, co się wlokły kanałami,
zmęczone jak kamienie,
wypada z ręki
pusty pistolet.

Więc kiedy usłyszeli o świcie
grzmot czołgów wroga idących do nowego ataku,
zrozumieli, że to koniec.
Tego ataku
już nie odeprą.

It's Over

Tonight
everybody understood that it's over.

There was no water
nor strength to look for water,
for three days
not a spoonful of cooked barley,
the dirty bandages
smell of pus and blood,
the eyes, which didn't sleep for a week,
close even at the battle
post, under fire,
the legs, which dragged through the sewers,
are tired like stones,
an empty pistol
falls out of a hand.

So when they heard at dawn
the thunder of enemy tanks launching a new attack,
they understood: it's over.
This attack
they won't fight off.

Pod beczką kapusty

Tramwajarz z Woli
stuknęła mu czterdziestka,
baba, czworo dzieciaków,
taki co na rozwałkę
szedłby klnąc ze śmiejącą gębą.

Lecz płakał łzami wściekłości
i zęby zgrzytały mu w szczękach,
kiedy kazali rzucić
na stos wrogowi pod nogi
karabin.

Który przez cztery lata
chował pod beczką kapusty
w piwnicy i z którym pobiegł
pierwszego dnia do powstania.

Under a Barrel of Sauerkraut

The tram driver from Wola,
who's just hit forty,
married with four children,
the type of guy who would face a firing squad
with a laughing face.

But he wept tears of rage
and gnashed his teeth,
when he was ordered to toss
his rifle on the pile
at the enemy's foot.

The same rifle he had hidden
under a barrel of sauerkraut
in the basement, and with which he ran
to join the uprising on the first day.

Godzina hańby

Kiedy uczył chłopców
jak się zdobywa na wrogu cekaemy
mając w garści tylko pistolet –
sam biegł pierwszy.

Kiedy dostał rozkaz żeby ich nauczyć
jak się oddaje wrogowi
cekaemy zdobyte
za cenę życia kolegów –
stchórzył.

Ostatnia kula w jego pistolecie
otworzyła mu drogę ucieczki
i tą drogą uciekł do swych chłopców
i nie było go z nimi
w godzinie hańby.

The Hour of Disgrace

When he was teaching the boys
how to capture enemy machine-guns
with only a pistol in hand—
he ran first.

When he was ordered to teach them
how to return to the enemy
the machine-guns captured
at the cost of his friend's lives—
he chickened out.

The last bullet in his pistol
opened a path for him,
and he followed it to flee from his boys
and wasn't with them
in the hour of disgrace.

Nie miał palta

Żołnierze szli do niewoli,
ludzie patrzyli w milczeniu,
ludzie stali w milczeniu
po obu stronach ulicy.

Najmłodszy żołnierz nie miał palta,
nadbiegła z paltem kobieta,
żandarm zagrodził jej drogę,
biegła, płakała.

Ludzie patrzyli w milczeniu,
żołnierze szli do niewoli,
najmłodszy żołnierz miał dziesięć lat.

He Had No Overcoat

Soldiers marched into captivity,
people watched in silence,
people stood in silence
on both sides of the street.

The youngest soldier had no overcoat,
a woman came running with an overcoat,
a gandarme blocked her way,
she ran, crying.

People watched in silence,
soldiers marched into captivity,
the youngest soldier was ten years old.

Rozmowa z matkami

Idzie do niewoli, jakby dźwigał
ciała swoich chłopców, co zginęli.
Liczy szeptem, liczy bez przerwy
osiemnastoletnie ich imiona,
widzi oczy matek, patrzą w niego.

– Twój syn zginął broniąc barykady,
której nie ma, broniąc tego domu,
który już się w gruz rozsypał, w miałki piach.
Twój syn zginął broniąc tej ulicy,
która istnieć już przestała.
Za te cegły, za ten gruz, za ten piasek
oni dali swoje ciała żywe.
Ja ich na śmierć prowadziłem.
I ja żyję.

Mówią Niemcy: Prędzej, poruczniku,
prędzej idź do niewoli.
A on prędzej nie może, on dźwiga
ciała swoich chłopców.

Conversation with Mothers

He goes into captivity, as if he carried
the bodies of his boys who died.
He counts in a whisper, counts without stopping
their eighteen-year-old names,
he sees the eyes of the mothers stare at him.

"Your son died defending the barricade,
which isn't there, defending his house,
which has crumbled into pieces, into fine sand.
Your son died defending this street,
which has ceased to exist.
For these bricks, for this debris, for this sand
they gave their living bodies.
I led them to death.
And I'm alive."

The Germans say: Hurry up, Lieutenant,
hurry up into captivity.
But he can't hurry up, he carries
the bodies of his boys.

Powiedział: nie płacz

Wszedł z karabinem
żeby wypędzić ją z domu.
Dom na spalenie
ona do obozu.

Czekał aż zapnie
rzemień plecaka
patrzał jak płacze
powiedział: nie płacz
młodziutki żołnierz niemiecki.

He Said: Don't Cry

He came in with a rifle
to expel her from the house.
The house is to be burned down
she's destined for the camp.

He waited until she fastened
the strap of her backpack
he looked at her crying
he said: don't cry
this very young German soldier.

Rzuciła klucz w ruiny

Do worka na plecach
wsadziła ostatnie suchary,
ostatni raz
zamknęła drzwi na klucz.

Dźwignęła
na ramię dziecko, drugie
wzięła za rękę.

Ostatni raz
schodziła po tych schodach.
Rzuciła klucz
w ruiny.

She Threw the Key in the Ruins

She put the last of the biscuits
in the backpack,
for the last time
she locked the door with a key.

She lifted the child
into her arms, grabbed the second
by the hand.

She walked down these stairs
for the last time.
She threw the key
in the ruins.

Moje wszy

Biegnę ulicami trupów,
przeskakuję trupy,
na piersiach pod bluzką
poruszają się
ciepłe wszy.

Tylko one i ja jesteśmy żywe,
to nas łączy.
Dają mi swoje poruszanie się
w mieście trupów,
gdzie nic się już nie rusza.
Słabe jak ja,
chcą żyć jak ja.

Ale kiedy wybiegnę z miasta trupów,
kiedy żywy człowiek
otworzy mi drzwi żywego domu,
cisnę w ogień bluzkę razem z wszami,
które jak ja
chciały żyć.

My Lice

I run through the streets of corpses
I jump over corpses,
on the chest under my blouse
warm lice
move.

Only they and I are alive,
it's what we have in common.
They give me their movements
in the city of corpses,
where nothing moves anymore.
Weak like me,
they want to live like I do.

But when I run out of the city of corpses,
when a living human
opens for me the door of a living house,
I'll toss into the fire the blouse with lice,
which like me
wanted to live.

Szukali brylantów

Chodzili wśród ruin domów
szukali w piecach
ukrytych brylantów.

Z piwnic buchał
smród trupów. Wyskakiwał
szczur ludożerca.

Czasem z wysoka
spadła z łoskotem belka. Wtedy
uciekali.

They Were Looking for Diamonds

They walked among the ruins of houses
they looked in the ovens
for hidden diamonds.

The basements exploded
with the stench of corpses. The man-eater
rat jumped out.

Sometimes from up high
a board came crashing down. Then
they fled.

Sam idę

Sam idę z miasta
gdzie zginęły dzieci i wnuki,
gdzie się dzieci i wnuki urodziły.

Niech moje oczy jeszcze zobaczą
ciche niebo bez bomb
nad głową.

I dom nie zabity przez pociski,
w którym śmieją się żywe dzieci.
W tym domu umrę.

I Walk Alone

Alone I'm leaving the city,
where children and grandchildren were killed,
where children and grandchildren were born.

Let my eyes still see
silent sky without bombs
overhead.

And a house not killed by shelling,
in which living children are laughing.
I will die in this house.

Udało mu się

Stary człowiek
opuszcza dom, niesie książki.
Niemiecki żołnierz wyrywa książki,
rzuca w błoto.

Stary człowiek podnosi,
żołnierz bije go w twarz.
Stary człowiek pada,
żołnierz kopie go i odchodzi.

Stary człowiek
leży w błocie i krwi.
Czuje pod sobą
książki.

prof. Władysławowi Tatarkiewiczowi

He Got Lucky

An old man
leaves the house, carrying books.
A German soldier grabs the books
and throws them in the mud.

The old man picks up the books,
the solider hits him in the face.
The old man falls,
the solider kicks him and walks away.

The old man
lies in mud and blood.
Underneath, he feels
books.

for Prof. Władysław Tatarkiewicz

Jak krew z tętnic

Idą
ulicami drogami
wiozą rannych
prowadzą starców
niosą tobołki i dzieci.

Idą
czasem ktoś spojrzy za siebie
za nimi palą się chmury.

Idą
wyciekają jak krew z tętnic miasta.

Like Blood from Arteries

They go
on streets roads
they transport the wounded
lead the elderly
carry bundles and children.

They go
sometimes someone looks back
behind them clouds are burning.

They go
they ooze like blood from the arteries of the city.

Patrzą umarłymi oczami

Przez pięć lat
nie wolno było patrzeć na gwiazdy
tym którzy żyli
w tym mieście.

Pod groźbą kuli
kazano wieszać w oknach czarne zasłony.

Ale teraz ci co tu zostali
mogą już patrzeć całe noce w niebo
umarłymi oczami.

They Look with Dead Eyes

For five years
they were forbidden to look at the stars
they who lived
in this city.

Under the threat of being shot
they were ordered to hang black curtains in the windows.

But now those who remain
can look at the sky night after night
with their dead eyes.

Martwa natura

W kałuży błota i krwi,
pomiędzy na pół zwęglonym ciałem konia,
i na pół zwęglonym ciałem człowieka
obok urwanej rynny, fotela z frędzlami, imbryka
i trzech kawałków rozbitej szyby,
leży spalony po brzegach
strzęp miłosnego listu:
„Jestem taka szczęśliwa".

Still Life

In a pool of mud and blood,
between the half-charred body of a horse
and the half-charred body of a man,
next to a torn gutter, an armchair with a fringe, a teapot
and three pieces of broken glass,
lies a burnt-at-the-edges
scrap of a love letter:
"I am so happy."

Zostały szczury

W tym mieście
nie ma już ludzi. Czasami kot
któremu ogień wypalił ślepia
wyczołga się z bramy
żeby zdechnąć.

Albo szczur
przepełznie na drugą stronę ulicy.

Albo wiatr ruszy
kartką książki na bruku
i zastuka oknem
w którym błyśnie ułamek szyby.

The Rats Remain

In this city
there are no more people. Sometimes a cat
with burnt eyes
crawls out from an alley
to die.

Or a rat
scuttles to the other side of the street.

Or the wind leafs
a page in a book on the pavement
and rattles a window
where a shard of glass glints.

Niemiecki oficer gra Szopena

Niemiecki oficer
idzie przez umarłe miasto,
dudnią buty
i echo.

Wstępuje do umarłego domu,
drzwi nie ma,
mija na progu ciała
umarłych ludzi.

Podchodzi do fortepianu,
uderza
klawisz.

Dźwięk wypływa oknami bez szyb
na umarłe miasto.
Oficer siada.
Gra Szopena.

A German Officer Plays Chopin

A German officer
walks through a dead city,
his boots thump
and so does the echo.

He enters a dead house,
there's no door,
at the threshold he passes bodies
of dead people.

He walks up to a piano,
strikes
a key.

The sound sails through broken windows
out into the city.
The officer sits down.
Plays Chopin.

Niech liczą trupy

Ci co wydali pierwszy rozkaz do walki
niech policzą teraz nasze trupy.

Niech pójdą przez ulice
których nie ma
przez miasto
którego nie ma
niech liczą przez tygodnie przez miesiące
niech liczą aż do śmierci
nasze trupy.

Let Them Count Corpses

Those who gave the first order to fight
let them now count our corpses.

Let them go through the streets
that are not there
through the city
that is not there
let them count for weeks for months
let them count our corpses
till death.

Szumi ogień

Od domu do domu
chodzą niemieccy żołnierze,
podpalają domy
które przetrwały.

W mieście bezludnym
jak po końcu świata
szumi
ogień.

Wybucha wybuchami światłości,
daje trupom świetliste pogrzeby,
w dzień zasłania słońce,
w nocy
oświetla chmury.

Unicestwiając na zawsze
daje na chwilę
wspaniałość konania.

The Fire Roars

German soldiers go
from house to house,
setting fire to houses
that have survived.

In the city deserted
as if after the end of the world
the fire
roars.

It explodes with explosions of light,
gives the corpses luminous funerals,
during the day it obscures the sun,
at night
it illuminates the clouds.

Annihilating forever
it gives off momentarily
the magnificence of dying.

Ziemia i niebo

Tyle tu było krzyku
krzyczały samoloty i ogień i rozpacz
krzyczało do chmur
uniesienie.

Teraz milczy
ziemia i niebo.

Earth and Sky

There was so much screaming here
planes screamed and fire and despair
rapture screamed
towards the clouds.

Now the earth and the sky
are silent.

From the Author

The Warsaw Uprising of 1944 was one of the most tragic events of World War II. It brought complete annihilation to a city of one million people. Warsaw was transformed into a wasteland full of corpses, ruins, and smoldering ashes. All those who managed to survive the hell of the battle were driven out and sent to various concentration camps. After the capitulation, German soldiers systematically burned and dynamited all the buildings that survived the combat. Himmler said: "Warsaw must be razed to the ground, in order to serve as a deterring example for the whole of Europe."

The priceless cultural heritage, accumulated in the capital over the centuries by countless generations of Poles, was completely destroyed. The splendid palaces, the Royal Castle, the historic churches, the rich art collections, the museums and libraries were all turned into ashes and rubble. The flower of the young intelligentsia, who had been raised on the romantic love of freedom, perished. So did thousands of heroic children, twelve- and thirteen-year-olds, who with unprecedented courage threw themselves at the tanks with bottles of gasoline or carried messages under a hail of bullets. The German forces that fought the insurgents were very well equipped, with bombers, tanks, self-propelled artillery, and flamethrowers. The poorly-armed insurgents were limited to pistols and grenades. People who lacked even those weapons often took them from the enemy with their bare hands. The insurgents suffered from hunger and cold; there was a shortage of the most basic medicines and bandages. Despite it all, they fought heroically, believing that their fervor and self-sacrifice would make up for the enemy's overwhelming strength.

Life in Warsaw during the Uprising was a nightmare. The city was deprived of water, electricity, gas, and food supplies. For the most part, the sewer system did not function; the hospitals had no medicines or clean water. Day and night German bombers raged over the capital, burying the living beneath the rubble. People hid from the air raids in basements, but found no safety even there. Mass executions of men, women, and children were conducted throughout the city. Rolling down the streets, German tanks spread death and destruction.

To defend themselves, the civilians and the insurgents built barricades. Everybody joined in, regardless of age and sex. The author of this book worked on one of those barricades—its title alludes to it. People didn't eat, sleep, or wash for days on end. Nobody knew if they would survive another five minutes. Corpses lay about in the streets; the smell of decomposing bodies rose from the ruins. Despite these horrendous conditions, the city fought heroically for sixty-three days. Both the insurgents and the civilians exemplified an extraordinary fortitude, but due to lack of food, weapons and ammunition, Warsaw finally had to surrender.

—*Anna Świrszczyńska*

Acknowledgments

My adventure with reading and translating Anna Świrszczyńska's work dates to at least 2011, when I published *Building the Barricade and Other Poems of Anna Swir* with Calypso Editions.

Then, in 2014 or 2015, I was approached by Tavern Books to translate the entire *Building the Barricade* volume, which had long been out of print. That edition, which came out in 2016 and included an introduction by Eavan Boland, was based on the most recent Polish edition of *Budowałam barykadę,* published in Warsaw by Instytut Badań Literackich, in 2014. Alas, with Tavern Books ceasing operations a few years ago, *Building the Barricade* soon became unavailable.

Until now. White Pine Press, which celebrates its 50th birthday this year, has championed translated literature since opening shop, and I am beyond grateful to Dennis Maloney for bringing *Building the Barricade* back into print. Thanks to him and his team, this seminal volume of war literature can again be read and shared by English-speaking readers.

Special thanks to everyone who has supported my translation of this work over the years, especially Carl Adamshick, Ludmiła Adamska, Sandra Alcosser, Veronica Andrew, Eavan Boland, Robin Davidson, Boris Dralyuk, Katie Ford, Natalie Garyet, Marilyn Hacker, Magda Heydel, Edward Hirsch, Jane Hirshfield, Mark Irwin, Ilya Kaminsky, David St. John, Marci Vogel, and Kevin Wisniewski.

About the Author

Anna Świrszczyńska was born in Warsaw, Poland, in 1909. She attended Warsaw University where she studied medieval and baroque Polish literature. She began publishing poems in the 1930s. During the Nazi occupation of Poland, Świrszczyńska joined the Polish Resistance and was a military nurse during the Warsaw Uprising. She often said and wrote: "War made me another person." Anna Świrszczyńska died in Warsaw of cancer in 1984.

About the Translator

Piotr Florczyk is an award-winning poet, translator, and scholar. He teaches global literary studies at the University of Washington, Seattle, and lives with his family in Los Angeles. For more information about him and his work, please visit:
www.piotrflorczyk.com